SCHIRMER'S LIBRARY OF MUSICAL CLASSICS

Vol. 384

Mathilde Castrone Marchesi

Op. 1

Elementary Progressive Exercises

For the Voice

G. SCHIRMER, Inc.

DISTRIBUTED BY

HAL•LEONARD® CORPORATION

7777 W. BLUEMOUND RD. P.O. BOX 13819 MILWAUKEE, WI 53213

AVANT-PROPOS.

L'ouvrage que je publie aujourd' hui, renferme un Cahier d'Exercices élémentaires et gradués 102 Vocalises pour le mécanisme de la voix pr. Sopra - no et Mezzo-Soprano et 12 Etudes pour le style. —

Bien qu'il existe déja bon nombre d'excellentes vocalises, j'ai cru que mon travail ne serait pas inutile et qu'il était possible d'offrir aux élèves un guide plus sûr que ceux qui sont généralement adoptés.

L'enseignement en général et celui de l'art du chant en particulier, me paraît dominé par deux grands principes, qui bien qu'élémentaires sont rarement appliqués avec methode. Les progrès de la pédagogie ont mis en évidence ces deux préceptes: qu'il faut pour arriver à un prompt et heureux résultat, ne présenter à l'élève qu'un obstacle à la fois; et en second lieu qu'il faut s'attacher à le faire triompher des difficultés en les lui opposant dans leur ordre naturel. En d'autres termes: Il faut un travail analytique pour arriver à une connaissance synthétique. Ce sont ces principes si simples et si feconds cependant, qui, me parait — il, ont été jusqu' iciméconnus et dont j'ai cherché à déduire les resultats qu'ils sont susceptibles de donner. Afin que le mécanisme de la voix parvienne à se plier à toutes les formes rythmiques et musicales possibles, j'ai voulu consacrer un exercice spécial à chaque difficulté en particulier. Enfin je me suis attachée conformément au principe enoncé cidessus, à présenter les obstacles graduellement et dans leur ordre de difficulté.

J'ose espérer que cet ouvrage viendra, par ses fruits, confirmer les heureux résultats que j'en ai tirés en l'appliquant à l'éducation des nombreuses élèves qui parcourent en ce moment une brillante carrière. Ce sera la seule récompense réservée à un travail pénible et ardu.

Mathilde Castrone Marchesi.

PREFACE.

The work which I offer is a book of elementary exercises of progressive difficulty.

102 exercises for the mechanism of the voice (Soprano and Mezzo-Soprano) and twelve exercises for the execution.

Although a great many excellent works of the kind exist, - I think my work will not be found useless and that it is possible to give to pupils a surer guide than any that has been used before.

Teaching in general (and especially the art of singing) it seems to me is governed by two great principles which although elementary are rarely systematic. - The progress in the art of teaching has both these principles clearly emphasized.

First in order to attain a quick and happy result, the pupil is given but one obstacle at a time to over come and

Secondly that it helps him to over come the difficulties when they are given to him in their natural order. - In other words, it needs analytical work to obtain a synthetical knowledge.

This very simple but fruitful principle has been neglected it seems to me, and I have ende avored to draw from it, the results of which it is capable.

In order that the mechanism of the voice should be able to adjust itself to all possible rythmic and musical form I have devoted an especial exercise to each particular difficulty. - In a word: I have tried to present the difficulties gradually and in this order.

This work I hope may attain just as happy results in the future as it has already in the case of my numerous pupils who have had a brilliant career. - That is the highest reward for careful work.—

Mathilde Castrone Marchesi.

EXERCICES ÉLÉMENTAIRES GRADUES
Elementary progressive Exercises

Pour le développement de la voix.
for the developement of the voice.

TRANSLATED BY
Mrs. JOHN P. MORGAN.

Emission de voix.   *Attacco di voce.*   **Attack of the voice.**

Tous les Exercices étant écrits en Ut, l'élève doit les transposer dans les tons qui conviendront le mieux à sa voix.

All the exercises are written in C major: the teacher must transpose them to suit the compass of each voice.

2726

4

Port de voix chromatique.   The Portamento of the voice chromatically.

Portamento di voce, cromatico.

2.

Port de voix diatonique.   The Portamento of the voice diatonically.

Portamento di voce, diatonico.

Gammes.   Scales.

Scale.

On transposera les gammes et les exercices dans toute l'étendue de la voix, en montant a chaque fois d'un demi ton, mais on evitera de faire dépasser à la voix le son le plus grave ou le plus aigu qu'elle pourra atteindre sans effort.

In adapting the scales and exercises to the compass of a voice be careful when chromatically ascending, whether in a high or a low voice not to touch the extreme limit of the voice.

Les exercices doivent habituellement être étudiées
a pleine voix sans toutefois la forcer.

The exercises must be sung with full voice yet without forcing the organs.

8

Les gammes doivent s'exécuter en mesure. Pour respirer il faut s'arrêter après la première note de la mesure et reprendre le son que l'on a quitté.

The scales should be sung in time; in order to take breath properly, stop after the first note of each measure, and then begin again with the same tone.

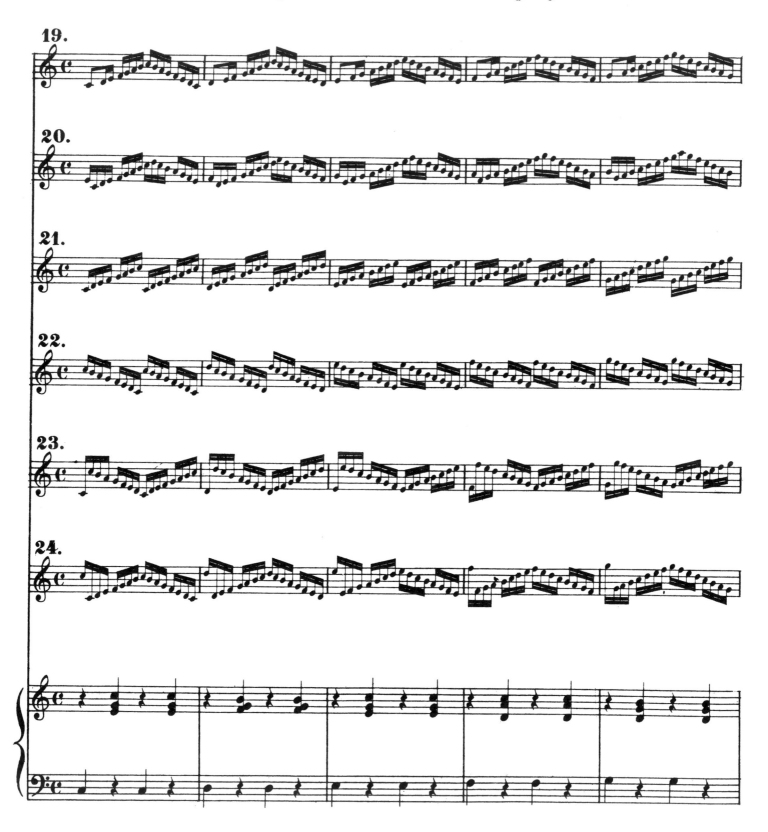

Toutes les gammes doivent être chantées dabord len - tement et en respirant a chaque mesure, afin de bien développer la voix et d'établir l'égalité. On pourra accélérer le mouvement et l'on reunira deux ou trois mesures en une seule respiration quand l'élève sera plus avancé.

At first the scales must be sung slowly taking breath at each measure; in order to develop and e - qualize the voice. — Afterwards increase the tempo and sing two and three measures in one breath.

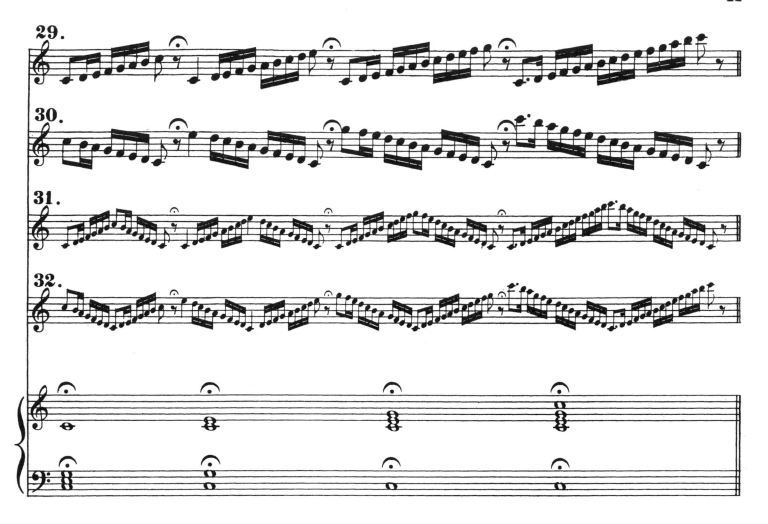

Il ne faut aborder ces gammes que lorsqu'on pourra les chanter vite et dans une seule respiration.

These scales are not to be used until the pupil can sing them quickly and in one breath.

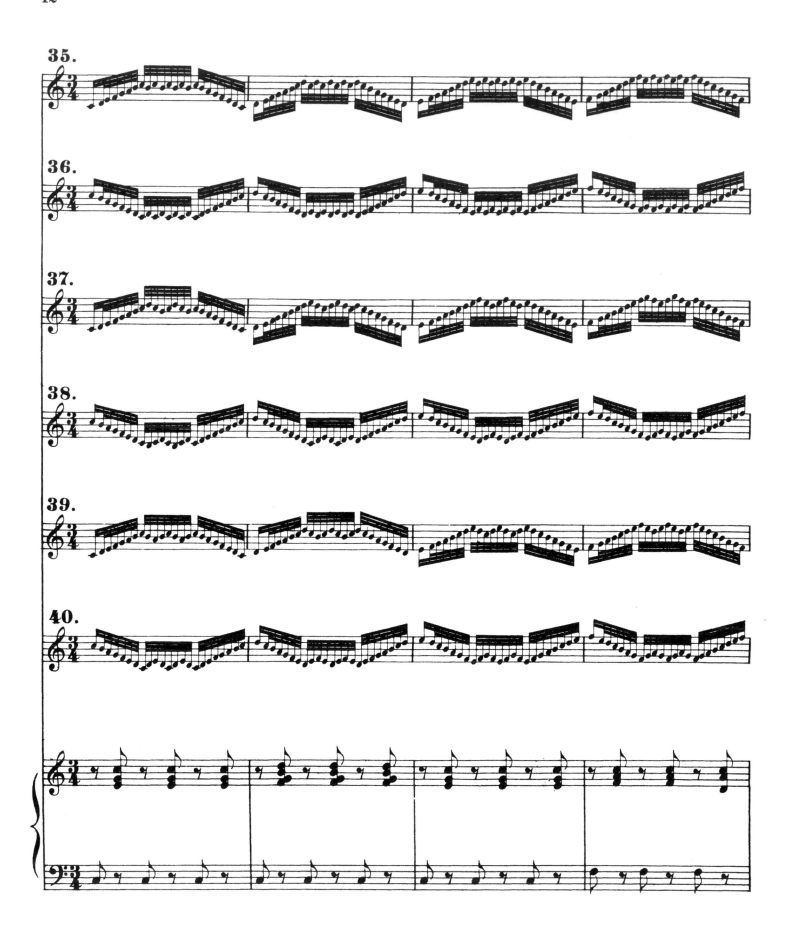

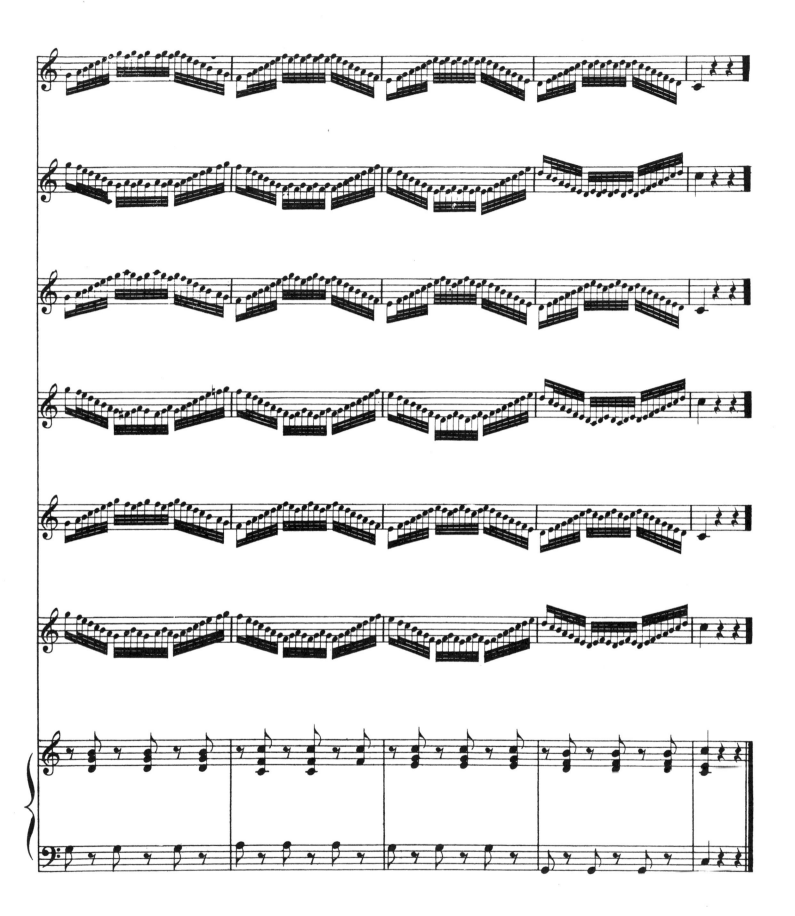

14

Exercices de deux et de trois Notes. | Exercises upon two and three notes.
Esercizi di due e di tre note.

Exercices de quatre Notes. | Exercises upon four notes.

Esercizi di Quartine.

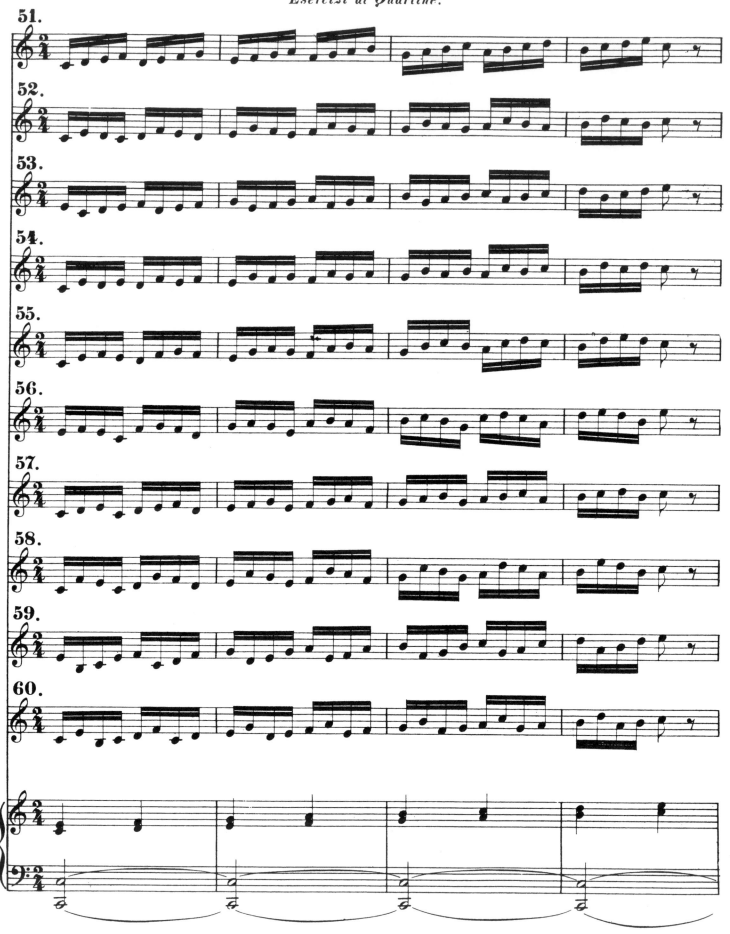

18

Exercices de six Notes.   Exercises upon six notes.
Esercizî di Sestine.

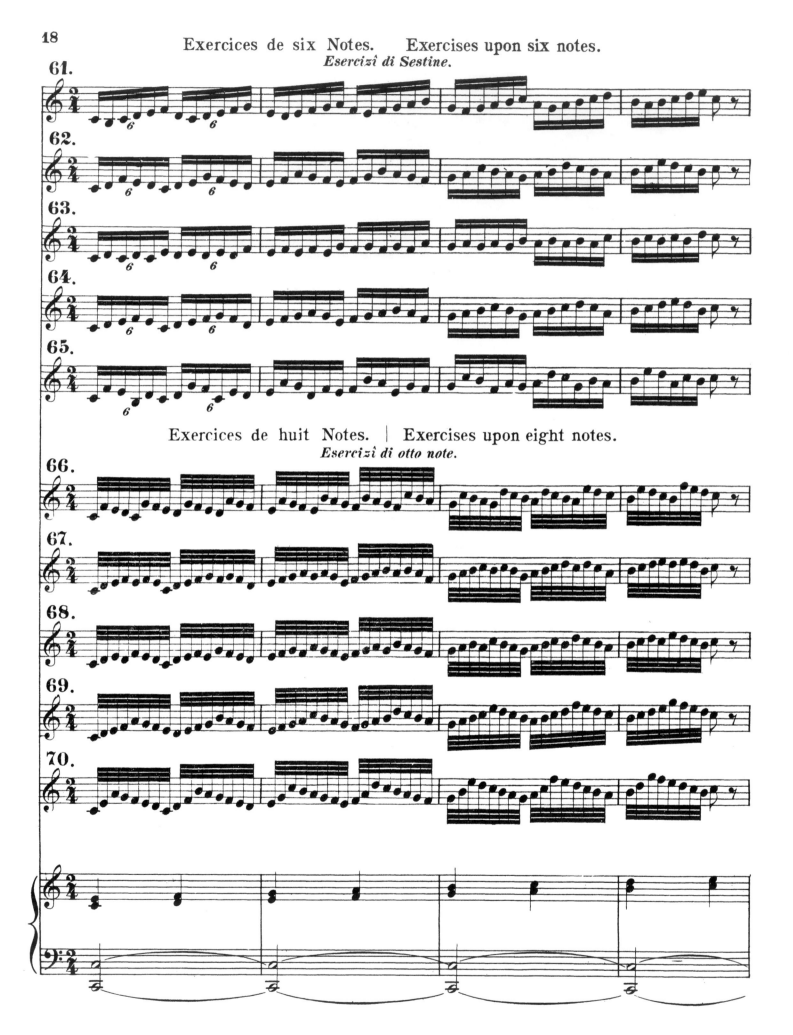

Exercices de huit Notes. | Exercises upon eight notes.
Esercizî di otto note.

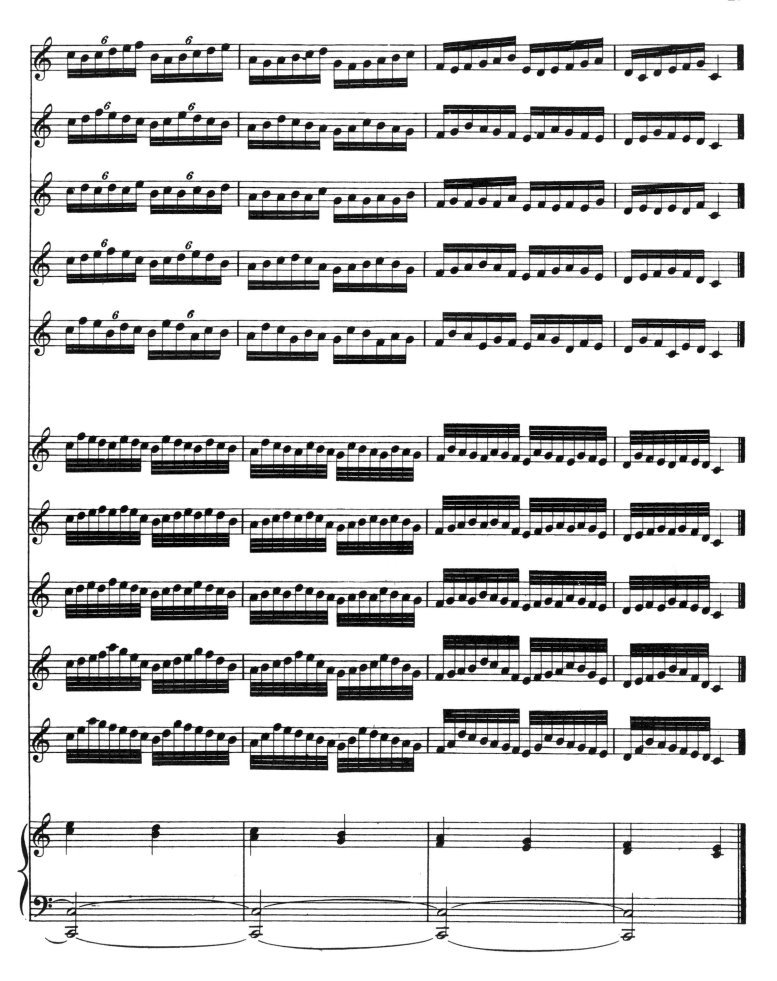

Exercices pour l'égalité de la vocalisation. | Exercises for equalizing the vocalization.
Esercizi per l'ugualianza della vocalizazione.

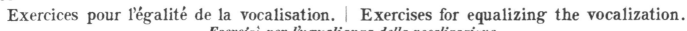

71.
72.

Lorsque l'égalité des gammes et des traits sera parfaitement établie, on pourra les chanter de différentes manières: pointes, piques, liés et piques, marqués, flutés, sincopés, crescendo, forte, piano, etc.

When equality and rapidity is attained in the scales they can be practiced in different ways: N° **74** (marked) N° **75** (marked and tied) N° **76** (with explosive tone. N° **77**(flute tone) N° **78** (syncopated) N° **79** (crescendo) N° **80**(forte) N° **81** (piano.) **76.**

73. **74.** **75.** **76.** **77.**
78. **79.** **80.** **81.**

Traits d'agilité. | Rapidly and with agility.
Agilita.

Traits d'agilité. | Rapidly and with agility.
Agilità.

92.

93.

Gammes mineures. | Scales in minor.
Scale minori.

94.
95.

Gammes chromatiques. | Chromatic scale.
Scale cromatiche.

Dans les commencements on jouera la gamme chroma-tique au piano en la chantant, afin que les intonations soi-ent parfaitement exactes. — La gamme chromatique est un excellent exercice pour lier les régistres.

Play the chromatic scale on the piano, at first, as by this means the intonation becomes more pure : The practice of the chromatic scale is an excellent exercise for uniting the different registers.

96.
97.

98.

99.

100.

101.

102.

103.

Sons filés

Messa di voce.

Increasing and diminishing the tone.

On ne peut commencer à travailler les sons filés avant que la voix n'ait acquis un certain dégré de souplesse et d'égalité. C'est pourquoi il n'en a pas été fait mention jusqu'ici.

One should not use this exercise until the voice has acquired a certain degree of flexibility, hence I have not spoken of it before.

104.

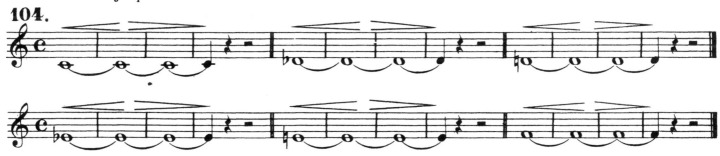

Notes répétés.

Note ripetute.

Repeated notes.

Dans cet exercice afin de faire sentir la note répétée on fera usage d'une légère aspiration (ha, ha) chose que l'on doit éviter soigneusement dans les gammes.

In this exercise the repeated note should be accented, slightly aspirated (ha, ha) the force used in the scales to be carefully avoided.

105.

106.

Exercice du Triolet. | Triplets.
Terzine.

En étudiant le triolet, l'élève aura soin de mar - quer la seconde note, afin d'éviter l'inégalité. Or - dinairement on a une tendance à pointer la première note. | In the study of the Triplet, accent the second tone in order to avoid inequality: the pupil is inclined ordinarily to accent the first.

123.

124. Petites notes. *Acciaccatura.* The appoggiatura. **125.**

L'exécution de *l'Appogiatura* n'offrant pas de difficultés, elle peut être travaillée dans les morceaux. La durée de l'appogiatura est très variable; en général elle s'attribue la moitié de la valeur de la note, qu'elle est destinée à orner.

The execution of the appogiatura presents no difficulty. - It depends on the taste; The length of the appogiatura is variable - generally it has half the value of the note to which it belongs.

126. Mordent. *Mordente.* Mordente.

127. **128.**

30

Grupetto.

Gruppetto.

Trille.

Le seul moyen de parvenir a faire un bon trille, c'est de le travailler en mesure, en comptant le nombre des battemens. D'abord il faut le travailler lentement; on pourra en augmenter les battemens, lorsque le gosier aura atteint de la souplesse.

Trille.

Trills.

To learn the unparalleled art of making a good trill is to practice in time and to count the number of the strokes. In the beginning practice slowly— When the throat becomes more flexible double the strokes.

Manière de travailler le trille.

Exercise for the art of the trill.

Differentes terminaisons de trille.

Different terminations of the trill.

Gammes de trilles.   Scales upon trills.

Scala di trilli.

143.

Execution.

Execution.

Gamme de trille chromatique.   Trill upon the chromatic scale.

144.

Exercice

pour faciliter l'etude du trille aux gosiers qui man-
.quent de souplesse.

Exercise

for the flexibility of the voice and to facilitate the
study of the trill.